가을이 오는 길

가을이 오는 길

김인달 두 번째 시집

좋은땅

나의 詩

(두 번째 인사)

흰 구름이 수척해 보였다
자기가 흘린 눈물이
비가 되었다는 자책에 빠진 듯했다

다 지난 일이라고 얼굴만 붉힌
노을에 앞서, 낮달은
구름 뒤에 숨기 바빴고

내 첫 시집이 그랬다
설익은 과일을 양손에 들고
자갈길을 맨발로 걸었다

詩는 생명의 本이요 사색의 初

바람 따라 구름 머문 곳에서 만난
어느 화자話者의 생각을 필두로

그들과 나눈 마음속 얘기
사랑과 이별 그리고 그 후의 그리움을

멀고도 힘든
인생길을 함께 가는 동반자분들께
감히 다시 올리는 육필 편지

기쁘게 울고 슬프게 웃길 바라는 마음으로

乙巳年 七月에 올림

목차

나의 詩　　　　　　　4
(두 번째 인사)

제 1 부

버스 정류장에서	12	가을 귀	30
갯벌	14	어느 산사의 아침	32
엄마의 바다	16	아내의 커피	34
갖신	18	동백	36
까치밥	20	물 위에 쓰는 이름	37
설 마중	21	호밀밭엔 아내의 바다가	
송연묵松煙墨	22	있다	40
가을이 오면	24	아우라지 뱃길	42
간이역에서	25	장미꽃 지던 날 아침에	44
사랑이란 게 참,	26	터널	46
잠적	28		

제 2 부

가을이 오는 길	50	시작詩作은 침묵이다	76
나의 詩에게	51	가을에 쓰는 시	78
하루	54	또 한 번의 가을은	
끝동	56	시작되고	80
흐르는 것엔 소리가 없다	57	가을에 대한 작은 생각	82
민들레 홀씨	58	귀의歸依	84
어찌 사느냐 물으면	60	방귀로 가는 자전거	85
겨울 편지	62	몽우夢雨	88
춘몽春夢	64	해루질	90
길을 묻다	66	사랑해	92
어떤 하루	68		
문경새재	70		
노을	72		
아름다운 이별	74		

제3부

차라리 꽃일 수만 있다면	96	거울	127
가시리	98	바람꽃	128
동행	100	십일월의 낙엽	130
첫눈	103	살아 보니 알겠더라	132
겨울 발자국	104	첫날밤	134
연탄재 한 장	106	풍경이 된 붕어	136
하늘을 보다가 문득	107	사람이 꽃입니다	138
나는 누구일까요?	110	울두慰斗	140
어제 생긴 일	112	산山	142
빗소리	114	할미꽃이 전해 준 뒷얘기	144
국화 옆에서	115	남자의 세월	146
봄맞이	116		
애증	118		
누에의 꿈	120		
길가에 선 나무	122		
토끼 눈이 왜 붉은지 아시나요	124		

제4부

물꼬	148	유리창에 비친 그리움	178
눈사람	151	묵시默示	180
코끝이 찡하다	152	여자와 남자	182
봄이야	154	벚꽃 필 즈음에	184
상고대	156	주홍 글씨	186
찰나	157	화유백일홍花有百日紅	188
고엽	158	선행기언先行基言	190
호숫가에 앉아서	160	정구지 두 소당	192
들꽃 이야기	162		
어처구니없는 맷돌 이야기	164		
가을밤에 쓰는 편지	166		
멍에	168		
어머니의 아궁이	170		
물안개	172		
옹이	174		
능소화	176		

제 1 부

버스 정류장에서

마지막 버스 시간은 조금 남아 있었다
거리엔 불빛이 조금씩 식어 가고
먼 길에 지친 나뭇잎 하나가
달빛 창에 누워 잠이 든 버스 정류장에서
누군가의 온기가 남은
의자에 앉아
무슨 생각들에 잠겨 있을까
갓 베어낸 풀 냄새 나는 밤, 나는
파도치는 그리움을 푸른 입술로 깨물었다
첩첩이 쌓인 말은 많아도
지금은 귀향의 시간
별꽃 걸린 유리창 넘어
저 많은 차는 다 어디로 떠나는지
산다는 것이 때로는 뼈를 깎는 일
만선에 인색한 바다를 건너온 심중을
낮에 나온 반달같이

다 보여선 안 된다는 걸 다들 알고 있었다
어둠은 자정을 향해 있고
편치 않은 침묵만 부추기는
궁색한 눈빛도
입술을 깨무는 씁쓸함도
눈 감으면 다 은하수 되는 밤
흐린 기억 속의 몇몇 편린에 기웃거리는
손바닥만 한 시간이 가고
장난감 같은 버스를 타고 떠나면
홀로 남은 어둠은
누구의 독백을 듣고 있을까

녹록지 않은 바다를 퍼내는 고래들
내면의 파도에 온몸을 던지고 있다

갯벌

저문 저녁
텅 빈 바다를 보면

나는
눈물이 난다

등대가 꺼지고
갯골에 뜬 달을 보면
난,
또 눈물이 난다

봄 여름 가을 겨울
긴 썰매 길에 새긴 하루가 마르고

꼬부라진 할매가
오늘 잡은 밥상을 차리면

철이 없는 나는
내가 눈물 많은 갯벌이란 게
슬퍼

눈물이 난다

엄마의 바다

그럴 순 없다고 울어 대길
두 달을 넘기고야
고래 심줄 같은 엄마 손을 잡고 나선 바다

해삼도 많더라
멍게 소라 미역도 푸짐하더라
그 바람에 정이 들어
조개 잡아 소금같이 짜게 살아 보니

하루는 사는 게 기뻐서 울었고
하루는 사느라 슬퍼서 웃었다는

저 묵빛 엄마의 바다에서

끊어질 듯 이어지는 숨소리를
파도에 실어 보낸 날이 얼만지

거미줄같이 복잡한 심중을 보이기 싫어
속끓인 밤은 또 얼마나 길었는지

바늘방석에 앉은 등대만
쳐대는 발등 위로 서글픔이
뚝뚝

납덩이보다 무거운
집으로 가는 길

등 뒤로 멀어져 가는
바다가
춤추듯 하늘 가신 엄마 어깨처럼
퍼렇게 멍이 들었다

갓신

오뚝한 콧등에 마음을 뺏긴
엄마는
두문불출
밤새 앓아누웠다

난전 볼일만 없었어도
신발 장수를 만나지만 않았어도
살아 있을

우렁이가 세상을 놓은 날
아버지는
놓고 간 고삐를 잡고

이럴 줄 알았으면 여물 한번 오지게 먹일걸
몇 번이고 돌아보고서야

고갯마루 해를 따라

뉘엿뉘엿 넘어가는 허리춤에

꽃신 한 켤레가 덜렁덜렁

까치밥

눈 발자국 몇 개 두고

마실 간 엄마가

남겨 놓은

홍시 한 알

달게 먹는 아버지 이마엔

고된 하루가

눈물처럼 흘렀다

설 마중

창밖엔 송이 눈이

싸륵싸륵 쌓여 가는데

먼 저승길 걸어

무슨 옷을 입고 오시려나

때때옷 한 벌

지어 놓고 기다리시던

대문에

등불 하나 걸어둘까

송연묵松煙墨

까맣게 타 버린 기와집 한 채가 있고

비스듬히 기댄 소나무 하나

그림자 길을 잃어

바람 막아선 창호에

묵 한 방울 뚝,

연수에 빠진 달빛 섞어 흩뿌려 친

묵송墨松 한 점

소나무인가 그림자인가

메부엉이 산 너머 울고

아주까리기름 쪼는 소리

죽어야 사는 송절松節 옷 벗는 소리

아!

내가 취해 잠들

묵향墨香 그윽한 밤이여

가을이 오면

곳간 채울 이삭들 고개 숙이겠지
울음보 터진 누렁이
집으로 가겠고
한두 계절 밀어낸
귀뚜라미
외등 흔들어 고샅길 밝히겠지
발등에 떨어진
낙엽 한 닢
갈래머리 아이
책갈피 사이에서 마르겠지

시집 못 간 처녀
이불 깃 적시겠지

간이역에서
- 舊 단양역

재 아래 시냇물은 모릅니다
간밤에 떨어진
제비꽃이 왜 슬픈지
멈추지 않는 기차는 눈물입니다
굽은 길 모로 돌 적
날아오던
기적 소리도 멈춘 지 오래
입 다문
빈 의자만
시절 없이 앉아
아!
쑥대머리 간수가 죽령으로 떠났다고
파란 깃발 빨간 깃발이
제비꽃 된 사연을
저기
재 아래 시냇물은 모른답니다

사랑이란 게 참,

너란 놈 앞에선

꽃을 논하지 말아야 할
지혜의 주머니를 열어야 하고

미소 속 숨은 손톱에
등 내미는
아둔한 수레를 끌어선 안 된다

인연을 볼모로 한
갈등의 시작은
너와의 간격으로 생기는
옳고 그름

이를
詩를 써 가듯 풀어 가면서

천국도

지옥도

다 내가 만들어 가는 것

보고 싶다

갖고 싶다

내 것이려니 더 그렇다

잠적

바스락, 벽과 벽 사이를 오가는
어둠이 이불 속을 들추는 밤
잠 못 든 괘종시계가 긴 그네를 타고 있다
내 삶에 내가 보이지 않는 시간
에리카는 쓸쓸히 피었고
오랫동안 가슴 속에 담아 왔던
나에 대한 장황한 질문이 이어질수록
그리움은 말할 수 없는 깊이의 무게로 다가왔고
처절하도록 아름다운 풍경 속
가을 고요
너는 기뻐서 울고 있지만
나는 슬퍼서 웃었다
속없이 너풀대기만 하던 내 빈껍데기를
여울보다 빨리 흐르는 세월에 헹궈 가던
섬 안의 섬,
그 막혔던 물꼬가 트이고

일몰 그림자를 몰고 가는 풍경 위에
자화상을 삽입하고 있는 난
담장 위의 한 마리 새가 되어 춤을 춘다
얼기설기 쌓은 돌담 구멍같이
허점투성이인 날들이 뭐가 아쉬워
여기까지 오기가 이리도 오래 걸렸을까
골골이 붉은 만추의 계곡에서
노을 뒤로 가는 오늘을 덤덤히 헤아리며
조금씩 끄덕여 가고 있는
난,
구릿빛 나는 나의 이야기와 함께
지금도 남은 하루와 잠적 중이다

가을 귀

보세요
풀잎이 흔들리고 있어요

하나둘
낙엽도 떠나고 있고요

여름밤을 벗겨 놀던 발끝에
매달린 이슬
그래요
이 한 밤 온통 설렘으로 가득한데

북소리 울리며 올 순 없나요
숨을 쉴 수가 없어요

너무도 섬세하게 오는
그대여

귀뚜라미 울음이 멈추었어요
조금씩 밤이 깨어나고 있고요

동이 트는 아침
예민한 나는
어느 계절에 머물러 있어야 하나요

저기 다 못한 시절이
가슴에서 떠나가는데

보고 있나요

엎드려 오는 가을이여

어느 산사의 아침
 - 정방사淨芳寺에서

숨 막힐 듯 휘감는 산 고요를

따라 오른 절간 마당 끝

밤새 묵상에 잠긴 고탑古塔을 쓸어 가는

천년天年 그림자

길을 잃고 구름에 누워

동자승 머릴 닮은 산봉우리 몇 개

쓸어 주다가

해우소에서만 들을 수 있다는

간간懇懇한 목탁 소리

무량겁無量劫 번뇌를 목에 걸고

산으로 간다

아내의 커피

커피 둘 설탕 셋,

커피를 마시는 아내에겐
언덕 넘어 어렴풋이 들리는 기차 소리가 난다
그리고는
딸깍! 잔 놓는 소리
풍경 속 하루와의 오랜 벗들이다

비 오는 아침 창을 열면서
풋풋한 풀 내음에 눈을 감고

하루에 세 번,
하얀 덧니가 예쁜 그녀는
기차를 타고
커다란
회화나무 아래로 간다

갱년기 고갯길을 힘들게 넘는 사람
웬수와 다투고 난 뒤엔 더없이 침착하게
자로 잰 듯
커피 둘 설탕 셋,

풋눈 같은 하루를 마신다

동백

아침 해가 붉기로서니
내 그리움만 할까

누구보다
그댈 사랑했노라

변치 않을 마음
핏빛으로 새겼거늘

그대 없는 봄을
어찌 견디라는 건지

떨어지면 터질까

애달피 우는 동박새

물 위에 쓰는 이름

부르면 네 하고 달려올 것만 같아
두리번거리기를 몇 번의 가을이 갔는지

철 지난 벚꽃이 알았겠냐고,
단풍잎 따라간 세월이 야속하단 소식을
엊그제 들었습니다

노을에 술 한 잔 타 먹는다고요
삼켜지지 않는 그리움을 찾아가다 굳어 버린
바위가 있었다지요

지금쯤 선운사 뒷마당엔
석산이 활짝 피었겠지요

길게 누운 소나무 길을 걸으며
공이를 갈아 바늘을 만들었다는 대장장이의

인내를 생각하던 그때가 떠오릅니다

너무 오래 속 끓이지 마세요
흐르는 물과 같은 인연
이 산 저 골 부딪혀 가다 보면
부서져 가지 않겠어요

후일

만날 수 없는 절망을
이 세상에서 하나뿐인 자신만의 세계로
승화시켜 가는 꽃무릇처럼

꽃 위에 앉으면 나비가 될 이름
풀잎에 앉으면 이슬이 될 이름

가을 앓이 중인 버들가지 하나 훑어
물 위에 쓰는 이름이 되어 있길 바랄 뿐

다신 미안해하지 마세요

호밀밭엔 아내의 바다가 있다

바람은 언덕을 넘으면서 한결 가벼워졌다
그것은 바다가 부르는 거라고
낡은 호미 하날 움켜쥐고
아내는 푸른 너울 속을 헤엄쳐 들어갔다
호밀은 빠르게 춤을 추었고
바람은 멈추질 않았다
암만 봐도 호밀뿐인데 아내는 왜 바다라고 했을까
그 속엔 무수히 많은 틈이 나 있었고
그 사이로 빵 굽는 냄새가 나왔다
그것은 막내 손녀가 좋아하는 호밀 빵이었고
붉은 오월 볕에 잘 구워지고 있다고
이파리는 쉴 새 없이 재잘대고 있었다
천기를 잘 읽는 아내는
초록빛 바다에 누워 요리를 시작했고
해바라기처럼 손녀가 오는 길을 내다보았다
아, 그랬다

호밀은 바다였고 이파리는 파도였다
바다는 바다에만 있는 게 아니라
아내에게서도 살고 있다는 사실을 처음 알았고
파도를 타고 온 아내는 어제보다 곱고 맑았다
샘 깊은 물이 마르지 않는 것처럼
틈이 있는 사람이 따뜻하다는 것도 느꼈다
바다는 점점 틈을 넓혀 갔고
수많은 바람이 그 속으로 모여들었다
파도는 다시 춤을 추기 시작했고
오월 붉은 볕에 잘 구워지고 있다고
쉬지 않고 재잘거리고 있었다

아우라지 뱃길

아우라지 강물이 굽이치는 것은
꼭, 어우러진 물길 때문만은 아니네

섶다리 여울이 우는 것도
끊어진 뗏목 때문만도 아니라네

올동백 지는 싸릿골엔
차가운 고요가 빗물처럼 내리고
세월 간 빈 나루터에
늙은 배 하나가 홀로 저무는데

어디선가 들려오는 듯한 떼꾼의 노래가
몇 번이고 바뀌었을 사공의 입을
건너 건너 아리랑 가락에 장단을 달아
덜 마른 너덜 길을 휘적휘적 넘었을

여량 땅 그 길은 찾을 길 없어도

다시 필 동백을 기다리다
눈물 지어내던 처녀가 그리워

오는 길손이 반가워 그러리라
아니 가는 사람이 애달아 그러리라

장미꽃 지던 날 아침에

고해와 같았던 삶이
다하고

꺼칠하게
돌아가는 얼굴

사랑을 느낀 첫 만남부터
이별하는 순간까지

단 한 번도
한눈판 적 없어
뜨거운 태양을 피하지 않았다는

연붉은 입술

사랑한 만큼 죽도록

그리워지겠지만

사랑했으므로 보냅니다

터널

시샘 추위에 바짝 움츠린
산허리를 등에 업고

긴 침묵에 빠져 있는 터널을 지나

짧은 해가 못마땅한
솔개 한 마리
섭생의 기회를 엿보는데

생사의 기로에 선
송사리 떼
오랜만의 햇살을 아쉬워하며
돌아서는

오후의 기찻길 옆
과수원을 구르는 노랑색 기차

오늘만큼 자란

사과를 먹고

삶이 있는 지붕을 날아

고난과 쉼을 그은 경계선

어둠 속으로 가면

기차 꼬리까지 먹고도 다물 줄 모르는

까만 입

또, 침묵에 빠진다

제 2 부

가을이 오는 길

긴 여행이 끝나고

버스가
떠난 자리

노선은
추억이 되어 날아가고

홀로 남은

빈 의자

책 한 권 안았다

나의 詩에게

오! 그대여

고고孤高한 절벽과도 같은 당신을
사랑한다고 말한 적 있다면
아마도 그건
몇 잔 술에 취해 잠든
이불 속에서 나도 모르게 한 말이었을 것이다

오랜 날을 절제된 언어 하나로
분에 넘치는 의욕에 선을 긋고

댓바람에 들보 삭아 내린다는
귀인의 고언을 곱새겨 들어

무쇠를 갈아 바늘을 만들었다는
대장장이의 인고까지 생각하면서

비록
문턱을 넘진 않았어도
등뼈가 휘는 고통으로 맞는
아침

스치는 바람이었어도 이토록 괴로웠을까

동백꽃 계절에 만나
겉옷 한 장 벗어 준

나의 詩여

까맣게 굴러가는 알곡 스무 알을 놓고
내 발목을 잡은 당신에게
그립다 한 적 한 번이라도 있었다면
그건 아마도

한 잔 술을 마시면서

아주 오래 묵은

시편 하날 껴안고 운 울음이었을 것이다

하루

여보세요? 하고 깨우는
아침이 오면
나는 한 마리 새가 되어 하루를 열지
삶에 날개가 있다는 것,

좋잖아?
언제든 날아갈 자유自由가 있으니

풋눈 같은 하루가
노을이 들면
부지런한 난 별꽃 그린 창을 닫지
삶에 노란 쉼표가 있다는 것,

좋잖아?
산다는 거

언제든 돌아올 이유理由가 있으니

끝동

들불처럼 번져 오는

격정이 가고

구름 한 자락 머문 자리

애증의 바다에

붉은 등대가 서 있고

하얀 손목엔

밤새 눈이 내렸다

흐르는 것엔 소리가 없다

앞만 보고 가되
멈추지 못하는 물은
그 이유를
절대 묻지 않는다

앞뒤 없이 가되
혼자 가지 못하는 물은
그 내막을
절대 말하지 않는다

윗물이 멈추고
아랫물이 비더라도
절대
할 수 없는 말

흐르는 것엔 소리가 없다

민들레 홀씨

한 올 한 올
하얗게 빗어 내린 밤

꿈같이 보낸 날의
노스탤지어
그 극심함의 경계선을 넘어

한 치의 연분도 없는
바람이 정한 곳으로

이생의 실마리를 담은
씨방 하나 달고

다음 생의 인연을 풀어 가는
민들레 홀씨

휘이 휘이

꽃대의 손짓이 길다

어찌 사느냐 물으면

철모르는 향 깊은 소나무를
문간 밖에 앉혀 두고
합수머리 여울 소리 간간이 들려오는 곳
여기서 살고 있더라 말해 주게

봄이면 품을 열어 주고
낙엽 지는 가을을 슬퍼하다
눈 내리는 저녁
눈사람처럼 살고 있더라 전해 주고

툭
떨어진 방에 덩그러니 있어도
지필묵 있어 외롭지 않고

어쩌다 잠 못 드는 밤엔
나보다 더한

별을 세다 잠들어 가더라 해 주게

그래도 오는 그리움이 있다면
닫힌 창을 열고
지금보다 더 힘든 날은 없었노라
산을 보고 말하다가

정 참기 어려운 그늘이 들 때
그땐 어찌 사느냐 물으면
그땐,

오갈 데 없는 달빛을
마당가에 앉혀 놓고 저를 보듯

밤을 새우더라 전해 주게

겨울 편지

누구는
유리창을 호호 불어 쓰고

누구는
가슴에 새겨 넣고

누구는
이불속에 숨어 쓴다지만

나는
나는
하얀 눈 위에 쓴다

쓰다가
틀리면
후, 불어 내면 될

겨울 편지

춘몽春夢

묵은 짐 하나 벗은 것 같은
개운한 이 비가 그치면
산수유 필 그곳
안개처럼 몽실몽실 오르던
고갯길이 밟히는 이 춘몽을 어쩌나
그날이 오기 전
어디라 정할 곳도 없이
발 가는 대로 무작정 걷고 싶다
우연히 아름다운 여인을 만나
팔짱을 끼고
비에 좀 젖으면 어때
알맞은 보폭으로
노랑 우산 하나 받쳐 주고 싶은
아기 개나리에 멈췄다가
빗소리보다 굵어
보기 민망한 심장 소리 들어 가면서

한 발 한 발

끝이 없어도 좋을 길을

수걱수걱 걷고 싶다

가다가다 이도 아니다 싶으면

그때 서야

봄꿈에서 깨 주리라

길을 묻다

길에서 길에게 물었다
길을 가르쳐 주세요

길은 말이 없었다

내가 길인 걸 아는 사람이

온 길도 모르면서
갈 길은 왜 묻는가

길은 길일 뿐
갈 곳이 아니므로

모르는 길은
모르고 가는 게 맞다

네가 바라는 길은
네 마음속에 있을 뿐이다

어떤 하루

햇살 넉넉한 아침
정감 있는 고택을 찾아
그늘 걸린 툇마루에 앉아서
마음 가는 시집 한 권 읽고 싶었다

한 구절 한 구절
심중에 담아 놓다 문득
옛 생각이 나 눈 감을 때면
몰려올 낮잠을 못 이긴 척 눕고 싶었다

멀리 소 우는 소리
장독 뚜껑 여닫는 소리
밥 짓는 소리 가득한 마당
거기서 인생곡 하나쯤 부르고 싶었다

그러나 그대 없인

허허로이 발길 닿는 대로

이 산 저 산 넘나들어 본들

어떤 하루도 편히 마음 둘 곳 없더라

문경새재

새도 힘든 고갯길을 어찌 넘었을까
관문 가는 길 옛 주막에 앉아
붉디붉은 사월의 진달래 한 닢 꺾어 물고
주모의 주름진 애환을 듣노라니
쓰지 않을 수 없는 상서를 펴놓고
탁배기 한 줌으로 갈아 낸 먹에 붓을 담갔다

햇살 두둑한 산복에 터무니 잡아 놓고
박달나무 나이테를 채워 갈 무렵
아닌 밤중에 홍두깨 바람이 쓸고 갈 줄이야
도흔刀痕 선명한 밑동에 앉아
젖은 옷 속으로 스며 오는 눅눅한 이 노래를 부른다

문경새재 넘어갈 제
구비야 구비야 눈물이 난다
아리랑 아리랑 아라리오

굴곡 많은 날들을 지켜본 저 노송老松이
궂은 비를 맞고도 꿋꿋이 견뎌야 했던 것도
털어놓아야 할 심중의 한을
잿길 바위마다 새겨 주어야 했으므로

천 년에도 솟아오를 용추 소릴 들으며
숨겨 간 밑동에 싹이 오를 때까지
힘겹게 오른 새가 쪼아 간 새재의 옛이야기를
바람에게 넌지시 들어 보아야 할 텐데

환란 속에도 분연히 일어난 억새가
길손이 전해 준 관문 나팔 소리에
길게 목 세워 운 사연도
이 봄이 가기 전에 들어 보아야 하지 않겠나

노을

하루가 저문다는 거
그건
무척
공명公明한 일이다 왜냐하면
지난날의 길이는 누구에게나 똑같은 거니까

해가 진다는 거
그건
매우
정대正大한 일이다 왜냐하면
남은 날의 길이는 아무도 모르기 때문이다

그런 이유에서의
노을, 그것은
정녕
공명정대한 황혼임엔 분명하다

그래서 내가

그대가

우리가 죽는 날까지

더 아름다워야 할 이유인 거다

아름다운 이별

삶도 쉬어 가는 밤

기우는 달을
한 걸음
비켜서는 구름을 보면

가슴 한쪽 뭉클해질 때가 있다

세월 뒤의
이별도
이 같아야 하는데

당신이
끝도 없는 사랑을
만들어 가고 있는 동안

비켜 갈 수 없는

그날 생각에

더없이 비감에 빠지는

나

시작詩作은 침묵이다

둘 다 그늘을 쓰고 있는 게 같다

하나는 끝이 없을 그늘
다른 하나는
깊이가 다른 그늘

하나는 벗을 수가 없고
다른 하나는
벗기가 힘들다

빚이 있는 것도 둘 다 같다

하나는 세월에 진 빚이고
다른 하나는
시간에 진 빚이다

하나는 외로운 싸움이고
다른 하나는
괴로운 싸움이다

이 두 조합이
이뤄 가는 색깔의 의미는 같다

흰 바탕에 검은 색깔
시작詩作은 침묵이다

가을에 쓰는 시

가을이다
또 한 번의 가을이 나를 슬프게 한다
누군가의 이별이 나를 울리고
나무 냄새 나는 추억 하나 두고 가는 낙엽이
나를 울린다
그래서 쓰는 시는 슬픔이 반이다
왜냐하면,
가을은 아픈 거니까
모른 체 할 수가 없는 거니까
그래야 맛이 나니까
시를 사랑하고
주어가 있는 가을이 좋다
언제 가는 게 좋겠냐고 물어 오면
거듭거듭 맞대어 대도
허전하기만 할
오늘 같은 날에 오라 하겠습니다

가을이 오면
젖어 갈 나의 들판으로

또 한 번의 가을은 시작되고

을씨년스러운 비 풍경을 보면서
밤새 열어 놓은 오지랖을 닫는 아침
소슬바람이 창을 닫으면
세월 뒤에 놓았던 책장을 열게 하는 게 뭘까

입맛 돌아온 아이는
밥상머리 한쪽에 엄마의 성을 쌓고

열 섬 알곡을 내준 지푸라기가
배동바지 지난 들녘에 누워
또 한 번의 가을 앓이에 들면

성가신 귀뚜라미 소리에
몇 장 넘기지도 못한 책을 접게 하는 건 뭘까

그래

빛바랜 벤치에 색칠해 가면서
갈색 삶의 행간을 읽으며
가난한 고독을 연인처럼 사랑하게 하고
서로의 늪에 다리가 되어 주는 것

작은 손거울을 주고 들여다보게 하곤
눈물이 핑 도는 쓸쓸함을 주고 가는 것

그게 가을이다

가을에 대한 작은 생각

가을이 왜 가을인지를 한참 생각하다가
거울 속
내 얼굴을 보고
단풍이 붉은 이유를 알았습니다

낙엽이 왜 낙엽인지도 궁금했는데
떠난 사람을 생각하다
떨어지지 않는 것엔
그리움도 없다는 걸 알았습니다

오늘도 사심 없이 길을 내준
아침 정원에 감사합니다
풀잎 하나도 그냥 지나치지 않는 마음으로 뛰는
내 심장에도 고맙게 생각합니다

긴 나뭇가지에 잎이 많듯

멈춘 물은 강이 될 수 없는 것처럼
이유 있는 저음의 풍경 소리 들어가며

밀려오는 고독이 어울리는
이 가을은
혼자 훅, 떠나는 여행이겠습니다

누군 열차로
누군 자전거로

휘이 휘이 휘파람 불면서
풀숲도 한번 들썩이기도 하고 가끔은 바위틈도
한번 들여다보고 가는 물길이겠습니다

귀의歸依

벌거벗은 절간 마당에

늙은 기와집이

부처처럼 누워 있고

물 길러 나온 동자 손바닥엔

부처가

산이 되어 서 있다

방귀로 가는 자전거

그해 여름은 참 더웠었다
큰길에서 집까지는 오르막길이다

발목을 휘감는 흙보다
허리의 책보가 무거워질 때쯤

뿌연 흙먼지를 뿌리는
자전거 한 대

어깨는 하늘만큼 넓었고
땅만 한 엉덩이를 가진
아버지, 바로 그의 자전거를 탔다

좁은 골목에 들어서선
좌우로 크게 흔들리는 어깨
순간

그의 엉덩이가 불식간에
뻥 터져 버렸어

무슨 소린 줄은 알았지만 난
자전거가 뀐 방귀 소리라 생각했어
미안했거든

오르막길은 끝이 없었고

머리가 흔들흔들 코는 멍멍
아버지의 엉덩이는 힘들다고 뿡뿡
나는 생전 처음
방귀로 가는 자전거를 탄다

왼쪽 뿡! 오른쪽 뿡!
왼쪽 오른쪽 뿡뿡!

대문 밖 엄마가 웃고 있었다

몽우夢雨

구름 한 자락에 숨긴 마음

그 사람은 모르오

문설주가 비에 젖는 날

기약 없이 오리라

선바람인 채로 떠난 그 얼굴이

열 갑자에 잊힐까요

향 깊은 솔은 누각을 떠나지 않고

몽우는 저 산 너머 있는데

애달프게 밝은 밤은 깊기만 하네

나 여기서

그댈 기다리고 있는데도

해루질

그녀를 다시 찾았습니다

몇 번을 두드렸지만
번번이 돌아서는 긴 목덜미가
아름다운 사람

좋아하는 별을 꼭 걸어 주고 말리라
소리 죽여 가는 이 밤

그런 나를 위해 바다는
저만큼 물러나 있는데

무슨 일일까요
구름이 달을 가려 버렸어요

애가 타는 난

등대를 밝혀야 했습니다

소금 별을 한주먹이나 든
내 심장은 벌떡벌떡

어찌할 바 모르는 이런 순간을
사람들은
이렇게 말하겠지요

들뜸…

아무 말도 하지 마세요
별을 걸고야 말
나에겐

다음에란 있을 수 없으니까요

사랑해

사랑은 꽃이랍니다
아니, 힘줄 같은 거래요

붙어 있으면 살아나고
떨어져 있으면 서먹해지고

하기는 쉽겠지만
듣기는 어려운 말

사랑해
사랑해

그 말 한마디에
여름 장미는
뜨거운 태양을 피하지 않았고

무지개 같은 손을
꼭, 꼭 붙잡고 있대요

제3부

차라리 꽃일 수만 있다면

차라리 꽃일 수만 있다면

햇살 좋은 아침을 택해
누가 봐도 잘 띌
뜨락 맨 앞자리에서
지나가는 소리를 귀 기울여 듣다가
누구보다 눈부신 모습으로
인생에 단 한 번
가장 기쁜 날로 기억하게 하리라

차라리 꽃일 수만 있다면

모두가 잠든 밤을 택해
어둠 속에서도
잃지 않는 화색으로

아침이면 보게 될 그대 눈을 생각해
더 이상 아름다울 수 없는
화장기 없는 맨얼굴로
두고두고 봐도 지겹지 않게 하리라

차라리 꽃일 수만 있다면

다신 만나지 못한다 해도
첫 마음 그대로
아침 창을 바라보면서
다 못한 연분은 가슴에 채워 둔 채
바람 맞고 비 맞아 가며
아무리 바빠도
하루에 한 번씩 꼭
늦지 않게 찾아오게 하리라

가시리

살고 살면 가실 날 있으리라
못 하나 박고 사셨네
가고 가면 끝이 보이리라
별빛 같은 애증
삽짝 길에 뿌리시곤
술 한 잔 들고
어디로 가려 했을까
굵어 가는 머리 젖으랴
비바람에 맞서온
마지막 눈물이
닳아 버린 손톱 끝에서
하얗게 말라 가는
못 박힌 밤을 촛불에 태워 가며
어딜 가겠다고 나서신 건지
이 좋은 세월 마다하고
천상천하로 가신

아버지

부디 영면하옵소서

동행

혼자 보낼 수는 없다고 굳이 같이 가겠다는
영정 사진 찍던 날

웃자니 염치가 앞을 막고
울자니 뭘 잘했다고
암담해 한 얼굴을 사진관에 맡겨 두고

눈 내리는 골목이 보이는
선술집 창가에 앉아
낯선 사람을 등지고 마신 술 한 잔을
삭은 가슴으로 마셨다

미친 듯이 사랑에 빠지기도 했고
미칠 듯한 그리움에 눈물도 흘렸다

이 꼴 저 꼴 다 보고 듣고

몹쓸 담배 연기까지 마신 너는

말 못 할 열병을 앞에 두곤
술에 취한 듯 사는 게 인생이라면서
별 방울을 뚝뚝

잠시 나 아닌 나에 빠졌을 때도
좋을 땐 아닌 날을 생각해
조금만 웃자고 앞 가리고도 했었다

그런 네가
다시는 못 볼 한 사내가 영영 가는 그 길을
마치 구경이나 하듯이
타인처럼 보낼 순 없다는데도

버벅거린 발길이 참으로 못나 보여

두고 온 얼굴에
미안하고 죽을 만큼 아파서

뒤돌아, 말없이 따라오는 발자국 한 번 보고
공연히 글썽거리다가
사진관 길모퉁이 돌아설 때

서글픔이 펄펄

첫눈

눈이 온다

그날

그대를 따라가는 발자국을 보면서
한 걸음도 뗄 수 없었던

그때처럼

첫눈이 온다

그대가

꾸역꾸역 들어온다

겨울 발자국

그 겨울, 홀홀히 내리는 눈을 맞으면서

한 걸음 한 걸음 도두 밟아
설한풍에 콧머리 여며
얼다가 녹다가 모르는 발자국 몇 개와
여우볕에 키 재기 하고 놀다가

한 줌 흙으로 간 이유가
꼭 남풍 때문만은 아니었다는

겨울 발자국

인연아, 인연아
내가 사랑한 겨울아
이별인가 우리 헤어지고 있는가

1초의 연으로 한 生을 살다

한 번도 오르지 못한

저 겨울나무에

그리움 하나 살포시 걸어 놓고

나, 어디로 가고 있는가

연탄재 한 장

진눈깨비 몰아치는 밤
주무시다 말고
아랫목을 손 짚어 보신 어머니가
기우뚱
젖은 무릎 세워
탄불 갈러 나가셨다
뚜껑 여는 소리
오래 앓은 기침 소리
아버지는 말이 없고
난 조용히 이불을 끌어당겼다
얼마나 추우셨을까
낮달처럼 하얗게 떨고 있는
연탄재 한 장이
벽을 보고 누워 있었다

하늘을 보다가 문득

그 사람이 구름이었으면 참 좋겠다
그 생각을 해 봅니다

내 방 창문에 하나둘 떠 있는
저 구름이 그 사람이었으면 좋겠다
바꿔서도 생각해 봅니다

눈을 감고 들어 보세요
웃음이 날개를 달고 날아가요

저 건너 몇 채의 지붕과 언덕을 넘어
구름 곁으로 가고 싶은데
닫힌 창은 하늘을 열 수가 없대요

음, 그럴 이유가 있었군요
창을 열어 주고 나서

나를 뺏긴 하늘이 그댈 미워하면 어쩌냐
구름이 말하고 있거든요

어머, 하늘도 구름을 사랑했나 봐
그럼 우린 뭘까
아니죠? 그렇고 그런 사이

아! 떠나고 있어요

많은 연인이 그랬듯이
내가 미안해할까 봐
하늘을 두고 가는 구름을 보고 있으니

오늘따라 더 보고 싶은

구름이었으면 참 좋겠다

생각하는 그 사람입니다

나는 누구일까요?

당신은 내가 그리도 좋은가요?
당신께 해 줄 게 아무것도 없음을 알면서도
어쩌다 아파 앓기라도 하면
당신은 밤새 곁을 지켜 주었지요
그리고 당신이 만들어 주는 맛난 음식에
나는 감사의 마음으로 고갤 숙입니다
당신이 슬프거나 화가 나 있을 땐
작은 미소로 위안이 되길 간절해하고
기쁨에 겨운 웃음이 넘쳐흐를 땐
따뜻한 당신 품에 안겨 행복했습니다
당신과 함께하는 나들이 길도
내겐 너무나 기쁜 선물로 즐거이 받으며
낮을 밤처럼 밤은 낮처럼
하늘이 주는 행복을 느끼며 살아갑니다
어쩌다 헤어져 홀로 외로워도
내가 있기에 당신의 부재가 편해집니다

비가 오거나 눈이 내리는 날에도
언제나 변함없는 모습으로
해 질 저녁 나누는 당신과의 입맞춤은
길었던 하루를 잊어버리기에 충분했지요
끝으로
불편한 내 속을 잘못 쏟아 놓으면
당신은 외려 웃으며 허리를 굽혀 줍니다

나는 누구일까요?

나는,
나는 당신의 반려견입니다

어제 생긴 일

해 질 녘이었습니다

저물지 않은 어스름 길에서
한 여인을 만났습니다

목덜미를 휘감아 도는
아찔한 체취에 놀라
얼마나 멈추어 서 있었을까
지를 뻔한
소리를 겨우 삼키고
개여울 건너
보라 꽃 팽이 걸린
담장 길 따라
두어 걸음 앞 그녀의 섶을
잡아당기니
주르륵 흐르는 향기

아아!
들국화

나도 모르게
주저앉고 말았습니다

빗소리

둘이 있으면
밤새 맞아도 아플 것 같지 않고

같이 있어도
혼자선 들을 수 없는

창문 너머

서서 우는 소리

국화 옆에서

국화 한 송일 꺾으려
꽃밭으로 갔다
어느 걸 꺾어 볼까
휘, 둘러봐도
누구 하나 웃지 않는 꽃이 없어
아차 싶어 햇살 가루를
후 불어 내곤
그 옆에 누워 버렸다
바람도 들어와 누웠다
구름 한 송이 파란 하늘을 떠가고
바람이 향기를 훔쳐 갔다
웃음이 났다
참 다행이라는 생각을 하면서
하나둘 이파리를 세다가
그만
잠이 들고 말았다

봄맞이

참,
다소곳하기도 하지

어젯밤

그렇게 찾아도 안 보이더니

꽃잎 속에
숨은
노란 달

그래서
별만 반짝였구나

쉿!

그건 말할 수 없어요

애증

참 미웠습니다

그리웠다고
지나가는 말이라도 한 번쯤은
걸 수도 있었을 텐데

꽤 긴 길을 걸으면서도
어깨 한번 부딪혀 보지 못하고

김이 모락모락 나는
모카 한 잔을 앞에 두고
먼 산만 바라보다

늦어 버린
고백만 만지작거리는

드맑은 하늘에
낀 구름처럼

융통성 없는 낯선 내가

참 미웠습니다

누에의 꿈

뽕나무밭을 거닐다가
잘 익은
오디 하나를 따 먹으면서

망아忘我의 극치에 달한 누에가
저 작은 구멍 속 혼돈의 무덤을 열고
온몸으로 토해 내는

열세 마디 명주의 꿈과,

베틀 돌아가는 밤
날지 못한 나비 한 마리가
비단 한 폭 걸치고 오는

열두 폭 누에의 꿈을

뽕나무 그늘에서 보았다

길가에 선 나무

길가에 큰 나무 하나가 서 있습니다
보기엔 여럿이 무리 지어 있는 것 같지만
자세히 보면 혼자입니다

사람도 그렇습니다

바람이 불어옵니다
가지가 흔들리고 이내 나무도 흔들립니다
깔깔깔 춤추는 나뭇잎을
나무는 흐뭇하게 보고 있습니다

그대가 그렇습니다

비가 오기 시작합니다
나뭇잎을 때리고 있습니다
뚝 뚝 눈물 흘리는 나뭇잎을 보면서

나무도 하염없이 젖어 듭니다

당신이 그런 사람입니다

나는 많이 웃고 많이 울어 본 나무가 좋습니다
그런 사람이 기쁨을 압니다
그런 사람이 아픔도 압니다

내가 아는 당신이 바로 그런 사람
내가 본 커다란 나무였습니다

토끼 눈이 왜 붉은지 아시나요

산다는 것은 분명 가치 있는 일인 건 맞아요
그러나 그건 주린 배를 채운 다음에나 나눌 논점
오늘 하고 싶은 얘기는 질문 한 가지
저문 저녁 눈 덮밥 한 끼로 지친 어깨를 털어 내는
토끼 눈이 왜 붉은지 아시나요
생리학적 색소 침착이라 하지 마세요
그렇다고 격분에 찬 슬픔의 표현이라 하지도 않겠어요
그냥 살아 있음을 느끼게 해 주는
아침과 저녁노을, 그리고
저 달이 어느 순간 사라질 것 같은 느낌 때문이라 해 두죠
여기엔 채마밭에서 갓 따온 토끼풀도
맛있기로 소문난 반찬 가게 차림표도 없습니다
역겨운 손길을 피해 나갈 본능적인 감각만 필요할 뿐
덫을 조심해야 해요
대대로 멀리 보지 못하는 운명 수에 걸려
회한의 눈물이 그칠 새 없으므로

작은 묏자리 하나 마련할 그날까진 감을 눈이 없어요
오늘 쓰는 일기에도 역시
배고픔보다 두려움으로 가득 차 있어요
먼저 간 영혼이 시내 유명 식당 지붕을 맴돌고 있을 때도
험한 다리를 건너가는 나의 도전은 끝이 없죠
절반만 내 것인 하루가 가고 있어요
나머진 오줌 지린 뒤안길에 두고
주린 배를 쥐고 찾아가는 가시나무 움막엔
몇몇 산 그림자의 기침 소리와 부실한 식탁이 전부
먹는 일엔 대단한 집념이 필요합니다
세상 어디에도 이길 상대는 없으므로 습관석인 두리번거림은
채식주의자의 피할 수 없는 비애죠
좀 쉬어야 해요 설원을 달리는 저 달빛도 지쳐 보여요
산 아래 범종 소리에 눈꽃 화음 열리는 밤
도라지꽃은 왜 또 그리워지는지

누구에겐 하찮게 보일진 모를

이 내 숨 하나 부지하려니 눈물이 흐릅니다

닦을 수 없는 슬픔이 등을 타고 내립니다

거울

어제는 오늘의 거울

비켜서면
한쪽만 보이고

바로 서면
자세히 보인다

잘난 것은 반만 보이고
못난 것은 다 보인다

천천히 돌아보고
자세히 살펴봐야 할 때가

바로 지금이다

바람꽃

그대 없는 강가에서 노을처럼
나,
잠시 머물다 갑니다

곧 비가 오겠지요

언제나 그랬듯이
그 비가 내 눈물임을 더 잘 아는
저 강물은

오늘도 어느 산을 허물고 와서
멈추지 않는 눈물을 흘리고 있을까요

오래 견뎌 온
나무가 무성하듯

길어지면 다신 못 올 것 같아

이대로의 입술 없는 바람이 되어
흐르는 강물에 그리움을 씻고

그대 없는 강가에서
노을처럼
나,
말없이 머물다 갑니다

십일월의 낙엽

가을나기 잎새가 초로草露를 털고 있다
먼저 떠난 이의 마지막 절규처럼,

피고 지는 것은 무릇 신의 영역

육신의 눈물이 강을 건너고
달은 소리 없이 지고 있다

이제서야 알았네
봄의 손짓이 무슨 의미였는지
별빛이 짧아야 했던 여름밤의 이유가
이 가을에 있었음을

이슬 한 방울에 흙이 되어져
열명길에 든 혼이 다시 일어나기까지

바람 주고
그늘 주고 그러기를
나 아닌 타인처럼 살다가

야윈 모가지 시린 계절에 내주고
끝이라 부르는 길을 주저 없이 가는

십일월의 낙엽

툭!
마지막으로 들어 보는
전생前生의 소리

나무는
아무 말이 없다

살아 보니 알겠더라

잘났다고 자랑 마라
한 닢 솔잎만큼만이겠느냐

못났다고 울지도 마라
이슬 한 방울에도 못 미칠 상이다

단맛은 집 안에서 썩고
쓴맛은 밖에서도 웃는다

그렇다고
중도로 살겠다 숨지도 마라
두 팔 안에
너의 적이 있다

그러므로
함부로 끄덕이지도 젓지도 마라

생각보다 어려운 게 인생인 것을

살아 보니 알겠더라

첫날밤

갯물에 빠진 달이 말했다

보고만 있을 거야?

급한 김에 풍덩풍덩 건지려 드니

그렇게도 모르냐며 찡긋
물 주름
넘어가는 달

머쓱하여 가만히 다가가면
게걸음 쳐 가고
멈춰 있으면
다시 또 그 자리에

그렇게 우린 밤새 남남으로 지샜다

새벽닭이 울 때까지

풍경이 된 붕어

여기엔 물이 없다
그러니 지렁이도 태공도 없다
스님과 나 바람, 그리고
처음 가는 길처럼 낯선 고요가 전부
이런 풍경은 뭐고
난 왜 여기에 와 있는지
동자 물 길러 간 사이
많이 늙으신 스님에게 물으려는데
바람이 등을 민다
종이 울린다
휘둥그레진 눈에 비친 춤추는 지붕
고요가 부드럽게 부서졌다
그러나 듣기 좋은 소리도 한번
마당을 쓸던
스님이
빗자루를 홱 집어던지곤

"풍경아 이젠 그만"

내 이름이 풍경인 걸
처음 들은 날이었다

사람이 꽃입니다

꽃은
꽃이라서 예쁘고
사람은
사람이라서 아름답다

당신을 사랑할 수밖에 없는 것도
다 그 때문입니다

나비는
꽃에서 삶을 찾고
벌은
삶을 꽃에서 얻는다

당신을 그리워할 수밖에 없는 것도
다 그 때문입니다

사람이 꽃입니다

울두慰斗

오래 기다렸겠어요

지난 일일랑 툴툴 털고
반듯하게 누우세요

난 지금 무르익고 있어요
뜨겁게 말이죠

그대로 우리 서로
따뜻한 온기를 나누기로 해요
당신의 식은 몸을
나긋나긋 늘려 줄게요

사랑요? 좋아요
그렇다고 해 두죠 뭐

사랑도 뜨겁긴 하는 거니까

내가 다리미인 건 알죠?

산山

山,

가진 것 쥐뿔도 없으면서
다 줄 듯한 저 천연덕스러움을 보라

쉽게 열지 않을 단호함으로
웅숭깊은 저 속에
무엇을 숨겨 놓았길래

꽉 찬 듯 보여도
빈 그릇을 닮은 글씨

굽은 등을 더 숙여
어질 인仁을 쓰는 중이다

물소리, 새소리

멀리
돌 하나 구르는 소리

산이 열리면 마음은 고요를 꺼내 입고
오르는 길은 힘들어도 가는 길이 예쁜

어리석음이 지혜를 얻어 간다는
산

손주 같은 산그늘이 참 좋다

할미꽃이 전해 준 뒷얘기

젊은 날의 봄이었어
딸 셋을 낳아
자줏빛 바구니에 담았었지

여린 숫처녀 가슴을
탐하는 무리 있어
가시눈까지 달아 주었는데

세월 따라 사랑도 가더라
누가 말했을까

지팡이 짚고 찾아간
첫째 딸은
어미의 시간이 야속하다 하고

둘째는

마음이 없다 하여

텅 빈 마음으로 간
끝 년의 눈알에 주저앉아

하염없이 쏟아지는 눈물
고갯마루에 묻어 버렸다

남자의 세월

편치 않은 뒤꿈치를
닳아 버린 구두 뒤축에 맡겨 두고
돌아볼 겨를도 없이
앞만 보고 왔네
늘 앞서가던 너였기에
군말 한 번 못 했고
아는 만큼 병이 될 것 같아
모른 체 했는데
잡고 싶어도 잡히지 않는
너 지나간 자리엔
애증만 가득
눈물이 강을 건너고
달은 소리 없이 지고 있다

제4부

물꼬

골골이 파릇파릇하게 곧추선 청보리에
허를 찔린 하늘이 파래져 솟구쳐 오르고

얼었던 허공이 녹아내릴 때
누워 있는 계절을 가슴 밖으로 밀어낸 대지가
남풍이 오는 뜻을 묵연默然히 받아들이면

귓결로 들은 철새가 원행遠行에 든다

누구보다 먼저 반겨 오는 건
이름 없는 풀 한 포기

전생이 양귀비였음 직한 기색으로
치마폭 번쩍 치켜들고 굼실굼실 춤추는 동안
천 길 맥을 짚고 오는 우직스런 저 고집을
밑천으로 삼은 물꼬가 행랑을 풀어놓으니

풍작을 염두에 둔 농부 얼굴에 아지랑이 꽃이 핀다

좀체 품을 열지 않던 하늘이 웅숭깊게
세간世間의 사정을 살펴
누가 봐도 큼직한 기와집 한 채 앉혀도 좋을
너른 땅에 먹고도 남을 비를 내려
허기를 채운 수맥이 입을 열면

속 깊은 둑은 보洑의 가장자리를 내주고

삼월 바람에 매화 지듯 짤따란 한 시절이 다할 때까지
타는 듯한 목마름을 채워 주고선

연둣빛 소식에 심통 난 꽃샘 할미 붙잡아 놓고

마른 잎 하나 슬쩍 밀어 넣은
봇물 위에다

하늘, 구름, 달, 별 그리고
봄을 그렸다 지웠다

필묵 장수 혀를 내두르고 간다

눈사람

눈이 없어도 살아

코가 없어도 살아

입이 없어도 산다고 말하는 순간

인생의 기쁨이

눈 녹듯

허무하게 사라졌다

코끝이 찡하다

눈인지 사람인지 애매한 눈사람을
생각도 없이 덜컥 만들어 놓고

검정 숯 몇 개 주워다
눈을 그렸다
코도 세우고 입꼬리는 올렸다

암만 봐도
영락없는 내 얼굴
코끝이 찡하다

하얀색은 지워지기 좋은 날

하루만큼만 살다 갈 너
한동안 생각이 날 나

우리 둘 중에서
누가 더 코끝이 찡할까

흰 구름 데리고 노는
하늘이 찡하다

봄이야

봄이야

그래
좋아서 봄이야

아무리
멀리 있어도

찾아오는
너를
반가이 봄이야

기다려
마주 봄이야

보고 싶어 봄이야

바라봄이야

상고대

사랑한다고

수없이
되새기길

불꽃 같은 열정으로

온몸이
저리도록

별이
지는 순간에도
떨어야 했다

찰나

뭐죠?
방금 지나간 것이

너무 순식간의 일이라
놓쳐 버렸어요

아마
눈 깜빡이겠지요

아니 아니

지나간
내 세월이었네요

고염

아버지,

어린 것들을 묵묵히 쓸어 보다
따뜻한 아랫목을 내주시고

막걸리 한 사발에 시린 가슴 녹여 내시던
두꺼비 손 나의 아버지

문풍지 우는 겨울밤이었나요
화롯가에 슬며시 놓고 가신
고염 한 그릇

그땐 몰랐습니다
겨울이 따뜻하다는 걸

그 아버지가 되어 보는

뒤뜰 고염 나무
세월도 나처럼 곁에 서 있었습니다

까치밥이 그리웠을까요
겨울 가지 위에 앉은 새 한 마리
까만 눈망울이 고염을 닮았네요

찬 햇살 끝을 잡고
얼었다 녹았다
겨울 한 철을 먹고 사는 고염과

꿀맛 같은
나의 아버지

그 겨울은 참 달았습니다

호숫가에 앉아서

한 사람을 위한다는 게 이렇게 기쁜 일임을
미처 알지 못했습니다
스치듯 지나는 바람에도 흔들리는
풀잎 같은 당신이 온전한 내 염려입니다

한 사람을 지킨다는 게 이렇게 아픈 일임을
예전엔 몰랐습니다
어느 날 아침 마주 본 얼굴에서 본
풀에 베인 것 같은 아려 옴이 그렇습니다

한 사람을 사랑하고
같은 곳을 향해 간다는 것
심장 소릴 나눈다는 게 얼마나 힘든지

바람이 언덕을 넘을 때 힘겨운 소릴 내듯
태풍 앞에서도 제 속만은 드러내지 않는 바다처럼

힘들고 어려운 것은 바람만이 아니라고
참고 견딘 사랑은 바다보다 깊더라고

이끌리듯 나온 물가에 앉아
호수를 채우려 내리는 물소릴 들어 보니
그때 한 그 말이 생각나서
오늘은 꼭
이 말을 들려주어야 할 것 같습니다

사랑은 세상에서 가장 빛난 보석이고
서로 채워 주기에 허기지지 않는 마음이다

사랑합니다
고맙습니다
벅찬 내 마음이 호수 같습니다

들꽃 이야기

골골이 내리는 한 물길
도담도담
바다로 가게 두고

맘대로 오가는
바람
뜻한 바대로 하게 두고

길어야 열흘 남짓
먼 산만 바라보다

가야 할 시간이
뽀득뽀득 오는 저녁

모든 게 다
자기 탓인 것 같다면서

주춤거리는 해거름을

눈 저리게 흘겨보네

어처구니없는 맷돌 이야기

못나고 부러진 것은 가문의 수치라며
앞다퉈 노골적으로 말씀하시매
대를 이은 독수공방이 가없이 길어져 갈 때

아랫돌에 윗돌 괴는 소리 듣던
젖먹이 어미 한숨이 담을 넘는다

동네에서 제일 눈치 없기로 이름난 과부
팥이요? 메밀이요? 콩이요!
잔칫날 개 뛰듯 시벌떡 달려온
노란 콩 한 바가지 가지런히 놓였고

"들들들들"

맷손 잡은 여인들의 고난도 육정 얘기에
숫돌은 지긋하고 암돌만 땀을 뻘뻘 흘린다

술지게미 핥던 고양이도 따라 돈다

어허! 이 한 세상 돌고 돌다
밀려가는 저녁노을에 눈물이 핑 돌면

애절한 눈물 자국 거두고
바람벽에 비스듬히 기대

꾸둑꾸둑 아물어 가는 상처처럼
콩국수 반나절을 지우고 있다

가을밤에 쓰는 편지

까맣게 탄 이 한밤을 모두
은빛으로 물들여 놓고

솔향 깊은 연적에
알몸으로 풍덩

빠진 달은 만월이요
뜬 별은 초롱초롱

쉬이 올 것 같지 않은
잠을 밀어내니
가만히 다가오는 이름 하나

손짓해 부르니
<u>또르르</u>
달려온 것은 연필 한 자루

쓰다가 잠이 와도 좋고

읽다가 잠이 들면 더 좋을

가을밤에 쓰는 편지

은빛 그리움에 풍덩 빠졌다

멍에

볕 좋은 오후로 기억나는 그날
동네에서 소문난 농부를 따라
새도 힘든 고개를 오르고 있는 나를 보았소

낯선 안부를 시작으로

삼시 세끼 거부한 적 없는 내게
삶은 왜 이리도 가혹해야 했을까요

누가 봐도 편할 리 없는 길에서
고갤 저으려 하면
마른 등짝을 후려 대곤

이 발톱으로 가 봤자 어디까지 간다고
고삐까지 매어 놓지 않았겠소

백날을 하루 같이 찾아오는
아침과 저녁 해 그리고
저 달이
나를 닮은 저 아이 눈에 어떻게 비칠지

어쩌다 태어난 축생도 멍에
남다른 당신의 배려도 멍에

뼈아픔도 차가움도
잠이 들면 다 구름 한 조각

부르다가 죽을 워낭 소리가
죽어 다 못 부른 연가보다 섧기나 하겠소

어머니의 아궁이

흐른 세월만큼 늙어 버린 정지문에
시린 젖가슴을 이름처럼 걸어 놓고

눈물 젖은 옷 말려 가며
한 번도 떠난 적 없는 아궁이가
당신의 자궁을 닮아서

하루에도 몇 번씩 쓸어 주고선

덩그러니 앉은
빈 솥을 하염없이 바라보면서
얽힌 애증을 태우고 또 태우셨으니

그런 어머니를 위해 장작은
정성을 다해 군불을 지펴 주었고

시커먼 부지깽이로 쿡! 찌르면
한 끼가 되는 삶을 뼈 빠지게 살고 나서
밤길 따라
읍내서 머리하고 오신

어머니

소매에 붙은 불씨 하나 날리고선
전에 없이 환한 미소를 머금으셨다

그리고 며칠이 지난 정지문에
젖가슴 대신 걸린

'부재중'

만세晩歲의 길을 나섰다

물안개

그대가 보고 싶어
강으로 갑니다

자오록한 그리움 안고

이별이 서러웠다면
오지 않았을

기다림이 기다리는
강으로 갑니다

작은 오해 하나도
남기지 않으려

송이송이 하얗게
꼬리마저 말아 갔지요

비록 오늘은
볼 수 없을지라도

안개 속 심중의 의미는
알고도 남음이 있습니다

이와 같은 새벽이
그리 오래 걸리진 않으리란 것까지

그대가 그리워

강으로 갑니다

옹이

세상사 끝이란 과연 있는가
있으면 그 끝은 무엇일까
숨겨서는 안 될 가시 같은 멍에

힘들어도 돌아갈 순 없으니
불면의 밤은 묵언默言
해 뜨는 아침은 인내의 시작이다

산야가 일겁一劫을 더해 살아 내고
내리흐른 물이 휘돌아 오기까지

심이 깊은 나무엔 바람 들지 않는다고

때로는 헐거움으로
때로는 단단함으로

속을 게워 내는 세심洗心의 시련을
얼마의 삶에 섞어
얼마를 더 견뎌 내야
알몸으로 내리는 비와 같은 이 광야에
한 줌 가루 되어 뿌려져 갈까

나, 살아가야 함을 알고 있네
죽는 날까지 살아가려 할 것이네
그리하여 잎을 피울 것이네

후세에 다시없을 내 이름을 위하여

능소화

하늘 보기가 차마 부끄러워
고개 숙인 담장 아래 외로이

얼룩진 연모의 정은 끝없어
남쪽 나라 마법에 걸린
망울 눈으로 홀홀히 흘겨보는

봄날에 다시 한번 써 보는
애절한 시 한 편

구중 밝은 달에 끌린
꽃 한 송이가
은하수 넘는 사랑을 해 오다

어긋난 연정의 이유가
하늘을 능멸한 죄인 줄 여름에야 알곤

내가 선택한 사랑이
머릴 들지 못할 만큼인지

출렁이는 갓끈 같은 빗소리에
무너지는 가슴
쓸어내려 하늘을 보니

흰 구름 먹구름 구분 없이 가는데

나만 병인 듯
머릴 들지 못하네

유리창에 비친 그리움

그날, 햇살이 눈부시게 내렸다

유리창에 머릴 박고
숨져 간 새를
얼마나 바라보았을까
밀려오는 슬픔이 발을 묶고 있었다

눈부신 하늘만 없었어도
유리창만 없었어도
아니아니 오늘만 아니었더라면

죽어도 죽지 못하는
저 괴로움은 없었을 것을

여보세요 하고 부르면
눈물 나올 것 같은 사람아

죽음도 막지 못할 사랑 때문에

길 아닌 길에 서 보았는가

그러지 않았다면 저 새는 살 수 있었을까

유리창에 비친 그리움이여

묵시默示

호수 속에 빠진 구름을 보고
왜 거기 있냐고
하늘이 물었다
당신과의 사이에 머문 비 탓이라
하자, 비가 내렸다
그러자
호수가 단호하게 말했다
내가 물이듯이
구름도 비라고 하자
달이 떠올랐다
하늘이 잔잔하게 웃었다

그제야 알았다

사랑과 이별 사이에
왜,

미움이 있는지

여자와 남자

만약에, "사랑해"라는 말을 듣는 순간
당신은 어떤 얼굴을 할까

서툰 모습이 우습기도 하고
쭈뼛거리고 있겠지

떨리는 눈빛을 계산해 가면서
뻔한 질문 몇 가지로
세상 끝까지 갈 이유를 찾아내는

여자와 남자

하나는 끝이 없고
하나는 눈치가 없다

삶보다 죽음의 이유가 더 크고

듣고 들어도 질릴 틈을 주지 않는
지구상에서 가장 빛난 언어

사랑해

나무 아래 선 여자와
나무를 오르는 남자

결이 다른 두 생각이 충돌한 후에도
그 끝말은 언제나
사
랑
해

붉게 달아오르는 달처럼

벚꽃 필 즈음에

다음 달이랍니다

연분홍 다섯 잎이
빨간 꽃술을 품에 안고

열두 달이 되는 날을

요리조리
손꼽아 보더니

달빛 한껏 무르익어 있을
다음 달밤
아무도 모르게

별처럼
새처럼

후드득 날아온대요

주홍 글씨

누구보다 먼저
누구보다 앞서

봄을 기다리고 있는 난
밤의 요정 벚꽃

뼛속 깊이 파고드는 한풍에 맞서
오는 봄 외엔 생각할 틈도 없이

어떤 화색을 주면
어떤 웃음이 올까

연분홍 꿈을 한껏 키워 왔지만

가슴에 단 주홍 글씨에
애를 태우는 심정

일주야 서린 속을 어찌 알아주곤

별 풍선 자자하게
오늘만은
다 잊고 찾아와 주니

짧아도 열흘

지금처럼 행복한 날이 또 올까
싶어 눈물이 난다

화유백일홍花有百日紅

여름빛 만연한 오월 하늘이
드높게 떠 있는 아침

마르지 않은 햇이슬 밟는
내 발밤발밤을 보고

나 좀 보세요

손짓하는

황철쭉 목단 꽃양귀비 매발톱
자란 백리향 앵초 분꽃의 노래

화유백일홍!

비로소 꽃 된 날의

너스레 치고

참, 암팡지고 야무지다

선행기언先行基言

부모 형제간에도 하지 못할
금언今言이 있듯이

사제 고우 간에도 비켜서야 할
언행言行의 금도가 있는 법

무릇 나라가 바로 서려면

글쟁이는 꾸미지 않은
혼이 담긴 글로 단언端言해야 하고

말쟁이는 위선을 밀리하고
참된 자세로 진언眞言해야 하며

위정자는 선동을 벗어나
향도의 몸가짐으로 선언宣言해야 하니

나라님은 독배를 든 심정으로라도

고언苦言을 들어야 마땅하다

정구지 두 소당

몸뚱가리에 좋다는 정구지 뭉뚱뭉뚱 썰어
고추 매분 거 매 깨 풍덩 던져 넣고

한번 돌려 가꼬
오뉴월 해 퍼먹고 온 서방 주고

두 번 디비가
한 집 건너 미깔시런 씨누 둘
주디 콱 막아 주던

우리 마느래 새디길 적
갱시기로 지은 눈물 밥 한 그럭과
정구지 두 소당

참, 디게 어려봤다 아이가

디지게 못 맥여서 누리 떠 버린
자슥새끼 낯짝 보기가 민망시러버
풀쌔기 이슬을 처묵고 말지
아덜 입을 우짜 굶길 수 있겠노 우사아이가

이케도 가는 한 세상이
저칸다고 안 가는 깃도 아인데
술김에 연줄 끙가먹듯 날려삐지 않을라꼬
문고리 뿌뜨러잡고 샌 날이 얼마고

가슴팍을 팍 쳐 뿌는 허허로운 밤, 하늘을 보니
팅팅 불어가 누리 굴러가 뿌는

저 달도 카!

마 우리 밥재이 닮았뿠네

가을이 오는 길

ⓒ 김인달, 2025

초판 1쇄 발행 2025년 10월 15일

지은이	김인달
펴낸이	이기봉
편집	좋은땅 편집팀
펴낸곳	도서출판 좋은땅
주소	서울특별시 마포구 양화로12길 26 지월드빌딩 (서교동 395-7)
전화	02)374-8616~7
팩스	02)374-8614
이메일	gworldbook@naver.com
홈페이지	www.g-world.co.kr

ISBN 979-11-388-4801-5 (03810)

- 가격은 뒤표지에 있습니다.
- 이 책은 저작권법에 의하여 보호를 받는 저작물이므로 무단 전재와 복제를 금합니다.
- 파본은 구입하신 서점에서 교환해 드립니다.